Mark Andru Wellman

Avéré effroi critique de la Psychanalyse Moderne

Mark Andru Wellman

Avéré effroi critique de la Psychanalyse Moderne

Pédopsychologie Basique

Éditions Vie

Imprint

Cover image: www.ingimage.com

Publisher:
Éditions Vie
is a trademark of
Dodo Books Indian Ocean Ltd., member of the OmniScriptum S.R.L Publishing group
str. A.Russo 15, of. 61, Chisinau-2068, Republic of Moldova Europe
Printed at: see last page
ISBN: 978-613-9-59126-8

ANDRU WELLMAN

AVÉRÉ EFFROI CRITIQUE DE LA PSYCHANALYSE MODERNE

« PÉDOPSYCHOLOGIE BASIQUE »

EDITION

PRÉFACE

La confiance en soi serait le rempart contre le doute, l'incertitude et la peur. Elle représente le pilier sur lequel s'édifierait toute une existence ; et, sans elle, nulle réussite dans quelque domaine que ce soit.

C'est l'ancrage absolument scellé de la réussite dans son sens le plus large. Sans elle, impossible d'avoir des relations constructives, ni même de s'affirmer et de contrôler son destin.

Son manque nous empêcherait d'oser faire ce que, pourtant, nous nous sentons capables de réaliser au fond de nous.

La confiance en soi, une fois retrouvée, doit être nourrie constamment par le sentiment d'avoir une certitude de ce que l'on fait ou entame sans tomber dans l'erreur. L'illusion personnelle, elle, ne peut qu'aider à persévérer dans la voie du changement.

L'estime de soi, cette qualité rarissime bien que démontrée, reste comme-même une affaire de jugement personnel et de respect de sa propre personne. La sensation de Dieu en est une autre chose bien différente, celle-ci témoigne de la capacité individuelle de s'adapter au climat psychoaffectif régnant dans une société ou dans un groupe de personnes.

La destruction amère et fatale de la personnalité individuelle peut causer des dommages majeurs dans la vie psychique intérieure.

Il faut essayer de rétablir l'équilibre rompu au plus vite avant d'entamer de thérapie reconstructive. Car, il n'y a que la vérité, laquelle engendre l'espoir, qui pourra aider et par quoi en pourrait avancer.

Il faut refaire son histoire personnelle par de l'amour qui devrait de loin l'emporter sur la haine. Car, le regard exact s'adresse à l'essentiel non pas au dérisoire.

La remise en question personnelle, est un choix on ne peut plus intime. La plus juste cause de laisser révéler en nous un peu de vérité, exige un minimum de tendresse et suscite le maintien de l'émotion à son état initial.

1ÈRE PARTIE

PSYCHANALYSE PRÉVENTIVE ET PSYCHOTHÉRAPIE DE L'ENFANT

« ANALYSE DES PROFONDEURS PSYCHIQUES »

RENFORCEMENT PERSONNEL

La dialectique spirituelle serait l'art du discours au moyen duquel nous réfutons un avis interloquant ou l'affirmant, avec preuve à l'appui.

La dialectique éristique se rapporterait rationnellement à la validité d'une proposition au plan de l'approbation logique de l'auditeur et des opposants. La vérité objectivement ressurgie en serait donc de loin chose bien distincte ; elle ne sera intéressante que dans la mesure où elle guiderait lors de l'affirmation d'une thèse supposée juste, s'effaçant absolument devant la vanité intellectuelle innée.

La justesse apparente au cours de la controverse (débat d'échange conversationnel dialectiquement engageable) dépendrait de l'argumentation maniérée venant confirmer ou bien faire opposition à la stricte vérité.

- Il faudrait y mettre un peu de résistance caractéristique lors des débats ou dialogues tentés de part et d'autre sans pour autant s'avouer être malhonnête.

- Comme ça, une fois engagée, sa volonté pervertie soutiendrait dès lors son intelligence amoindrie.

L'apologie des idées reçues ne devrait en aucun cas triompher sur le système multidimensionnel propre du redressement idéique dont parlait Alain.

Les aptitudes personnelles à la ruse et à la médiocrité doivent être contrôlables en plein conversation inédite. Ce serait parfaitement l'unique moyen rationnel d'acquérir raisonnablement de l'expérience dialectique.

LOGIQUE NATURELLE → DIALECTIQUE RATIONNELLE

Les lois de la véridique logique redressant tout jugement facultatif de valeur humaine, et qui est très inégalement partagé, menant bel et bien vers l'équitable seule raison ; se seraient indéniablement impénétrables.

ADRESSE CONVERSATIONNELLE ASTUCIEUSE → ARGUMENTATION SPÉCIEUSE ET ERRONÉE → INDUCTON EN ERREUR JURIDIQUE AGRESSIVEMENT ANGOISSANTE

JUSTESSE DE JUGEMENT → THÈSE CORRECTEMENT SOUTENUE → DEVENIR LÉGALEMENT DÉFENDABLE (VOIRE ESTIMABLE)

L'aspect dialectique, particulièrement matérialiste, du contenu de la controverse, devrait être précédemment soutenu par un examen formel du général.

Aristote indiquait comme principal but controversable la recherche exclusivement spécifique de la vérité.

THÈSE PHILOSOPHIQUE → TRAITEMENT OPIGNIÂTRE VÉRIDIQUE ET JUSTE

DIALECTIQUE APPARENTE APPROUVÉE → RÉGIME OPIGNIÂTRE DÉSOLANT ET DÉSOBLIGEANT

Il importerait gracieusement de distinguer, en toute conscience et netteté intellectuelle, la façon agrée imposée de la vérité et de l'objectivité originale carrément incontournable de celle-ci.

RAISON DIALECTIQUE DISCIPLINÉE ET MUTUELLEMENT INSÉPARABLE → FONDEMENT ARGUMENTATIF

LOGIQUE, RIGOUREUX ET OBJECTIVEMENT VRAI

- Il faudrait séparer nettement l'activité empirique de la découverte véridiquement objective du moyen dialectique qui est utilisé comme logique de l'apparence employée irréfutablement.

CAPACITÉ DE JUGEMENT ET DE RÉFLEXION (VOIRE L'EXPÉRIENCE EN LA MATIÈRE) → DÉCOUVERTE DE LA VÉRITÉ OBJECTIVE

- S'entretenir dialectiquement, ce serait faire évaluer bien correctement sa réflexion pensive préméditée.

Le terme « dialectique » fut employé la toute première fois par Platon. De coup, l'invention de la dialectique permettait assez délicatement de distinguer la finesse du vrai car proposable de la maladresse du faux car inexpérimenté.

- L'art dialectique - proprement dit - exigerait régulièrement l'usage raisonnable de l'habileté scientifique à trouver de la vérité objective tant rare.

PRÉMISSE LOGIQUE DÉCOUVERTE → ACCEPTION ARGUMENTATRICE RECHERCHÉE

- La dialectique autant que science empirique, exigerait -par contre de la bonne méthode juridique avant d'en apporter soigneusement un jugement réétudié.

- La logique originale de la pensée rationnelle diffèrerait du sens dialectique octroyé lors d'une controverse.

La signification péjorative particulièrement employée par Kant du mot « dialectique », relèverait du caractère assez complexe affecté linguistiquement.

➢ Il s'agirait quasiment toujours d'un rapport conceptuel de vérité objective au sens stricte.

- Cette relation de concept s'établirait à la base au moyen de la controverse exclusive moralisatrice dont la principale caractéristique vire en évoluant autour de la définition distinctive en essence catégorique imprévue.

- Les règles basiques générales de la controverse seraient bel et bien loin d'être exhaustives. Car l'intégralité individuelle conformiste resterait finement une affaire d'expérience personnelle voire professionnelle.

CARACTÉRISTIQUE CONCEPTUELLE (CAUSE ET EFFET / QUALITÉ ET DÉFAUT) → EXAMEN CONCEPTUELLEMENT FORMEL DU RAPPORT CONTREVESABLE.

CARACTÉRISTIQUE LOGIQUE (CONTENU CONCEPTUEL) → EXAMEN PUREMENT FORMEL DU RAPPORT DIALECTIQUE

- L'intérêt pratique de la controverse serait bel et bien loin d'être assez grand car le bon sens finit toujours par l'emporter sur tout le reste.

➢ Construire dialectiquement en donnant correctement un caractère propre dont les sens pourront en reconnaître la nécessite avancée.

CARACTÈRE PROPRE SENSIBLEMENT RECONNU → BASE DIALECTIQUE ORIGINELLE → (RE) CONSTRUCTION CONTREVERSABLE BASIQUE

CARACTÉRISTIQUE CONCEPTUELLEMENT LOGIQUE (VOIRE SENSIBLE) → ÉVIDENCE JUSTE (DONC VRAIE) ET PERMANANTE

Les règles générales de la controverse régiraient le classement conceptuel : genre et espèce, cause et effet, qualité et contraire, possession et privation, etc.

Les avérées précisions communes touchant une classe conceptuelle, pourraient se réitérer de façon particulière pour y puiser de l'argumentatif réclamant à généraliser l'évidente vérité absolue.

- Éviter à tout prix un caractère trompeur de la vérité requise enseignée par l'expérience. Car, dans ce cas, la raison suivrait la causalité expérimentée.

L'argument donné par Socrate sur la vanité de la croyance amoureuse en l'autre, concernerait la recherche authentique de soi à travers l'autre ; car ce serait uniquement de cette façon qu'on procèderait activement à faire resurgir ce qui est de meilleur en nous, en disant : « Ce que l'on cherche, on ne l'a pas ; or l'amour cherche le beau et le bon, donc il ne les a pas. »

ABSTRACTION DIFFÉRENTIELLE (CONCEPTION ARGUMENTATIVE SUPÉRIEURE) → NAISSANCE OU PRODUCTION DU JUGEMENT CONCEPTUEL

L'essai de reconquérir l'amour perdu de même que la connotation pratique du proverbe, témoigneraient de la vérité objective inédite par l'expérience humaine.

- Il faudrait puiser dans l'expérience, observer comment est utiliser tel ou tel procédé pensif ; pour ensuite ramener avec adresse la principale forme conceptuelle généralisée, puis établir de la sorte son propre système idéique de redressement rationaliste (avoir le premier mot sur une question dialectique ou affaire problématique).

Aristote regroupait ensemble la rhétorique et la dialectique dont l'objectif est la persuasion. Il distingue la logique ou analytique en tant que théorie ou méthode pour arriver aux conclusions exactes, dites apodictiques (nécessairement essentielles). Il spécifie aussi analytiquement la dialectique ou méthode pour arriver aux conclusions considérées comme exactes et adaptées comme telles. Il analyse de ce fait les conclusions logiques, dialectiques, puis les conclusions éristiques (l'éristique dialectique) où la forme finale est correcte. En fin, il différencie les conclusions affectées (l'affectation conceptuelle et formelle) où la forme finale serait fausse tout en paraissant exacte.

- Dans la dialectique éristique le type de conclusion validant la vérité objective, viserait principalement en apparence à avoir toujours raison.

- ➢ Rechercher uniquement la vérité sans vouloir privilégier sa thèse valable.

- On pourrait nettement différencier les conclusions dialectiques vraies car exactes sur le plan de la forme et du contenu, des éristiques ou sophistiques qui en sont approximatives donc relativement fausses.

CONCLUSION ÉRISTIQUE FINALE (VALIDABLE ET VÉRIFIABLE) → AVOIR RAISON EN ENTENDEMENT

CONCLUSION SOPHISTIQUE FINALE (AFFECTÉE ET COMPLIQUÉE) → VÉRITÉ OBJECTIVE ADOPTÉE

- Laisser à la logique la vérité objective, dans la mesure où elle serait formelle ; et limiter la dialectique à l'art d'avoir constamment raison.

La logique dialectique, sophistique ou éristique reposeraient différemment sur l'unique vérité objective formellement matérialisée sinon conceptuellement immatérialisée. La finalité controversable resterait toujours l'ultime sagesse de l'esprit qui se veut devenir de plus en plus exacte et juste à force d'expérience inédite.

- Considérer d’abord l’essentiel de la controverse, ce qui se passe en fait.

LA CRITIQUE DIALECTIQUE
MODE ET MÉTHODE

- Démontrer, par un mode réfléchi de réfutation, soit que la thèse avisée adverse n'est pas en accord avec la nature des choses, la vérité objective absolue ; soit qu'elle contredit d'autres affirmations ou concessions de l'interlocuteur, en l'occurrence la vérité subjective relative, et dans ce cas il s'agirait seulement d'une preuve corrélative totalement différente de la vérité neutre et juste.

- La méthode de la réfutation directe s'oppose à la thèse annoncée dans ses fondements en démontrant qu'elle n'est pas vraie, l'indirecte dans ses conséquences en prouvant qu'elle ne peut pas l'être.

CONTREVERSE CERTAINE AUTHENTIQUEMENT INCONTESTABLE → RAISON OBJECTIVE ET SAVOIR DÉCISIF → ENTENDEMENT PRINCIPAL SUR LE JUGEMENT (CONCERNANT UN PROBLÈME POSÉ)

- Étirer par extension l'affirmation adverse, l'interpréter de façon générique, élargir son sens ; et puis l'exagérer possiblement. Restreindre dès lors la sienne étroitement.

- Utiliser le sophisme de l'homonomie, dont l'illusion

méprisante en est évidente, pour étendre également l'affirmation ; puis réfuter de façon lumineuse, et se donner ainsi l'air d'avoir réfuté l'affirmation elle-même.

- L'illusion peut se produire notamment quand les concepts désignés par la même expression sont apparentés et confondus.

➢ Prendre l'affirmation posée relativement comme si elle y était de façon générique, ou du moins la concevoir dans une jonction tout à fait différente ; et puis la réfuter dans ce sens.

➢ Ne pas laisser prévoir la conclusion mais obtenir

discrètement qu'on en admette les prémisses dans un jeu concédé.

- ➢ Concevoir une pétition enfermée en postulant ce que l'on aurait à prouver sous autre forme conceptuelle. Sinon, faire admettre comme vérité commune ce qui est contesté à un niveau particulier. Postuler l'autre proposition qui en découle de la sienne (et vice versa). Ou encore obtenir toutes les vérités particulières puis généraliser.

- La bonne dialectique s'obtiendrait avec l'entraînement conversationnel en plus de l'expérience originale.

- ➢ Procéder par la méthode socratique : Questionner et réduire de ses concessions la vérité affirmative, pour en démontrer la proposition apposée.

- L'exposition argumentaire à partir des concessions obtenues, devrait être rapidement étalée.

- Élargir le contexte conditionnel en situation dissimulée en posant une multitude de questions.

➢ Faire preuve d'immodestie respectable pour empêcher voire en provoquer l'état de nuire, en portant un jugement correct présumé injuste.

➢ Questionner anarchiquement sous forme de permutations concluantes préventives pour déjouer la prémunition adverse.

- Utiliser les réponses obtenues afin d'en tirer diverses conclusions annonciatrices.

➢ Dans le cas où l'on jugerait l'autre ayant raison dans son argumentation et puis choisissant une mauvaise preuve, on réfuterait cette déclaration prétendument dans son ensemble.

➢ Si l'on aperçoit la supériorité rationnelle adverse, le mieux serait de reconnaître ces qualités, admettre son erreur de jugement de valeur ; et puis apprendre à mieux aller de l'avant (continuer à avancer malgré l'opposition évidente voire génératrice de redressement idéique).

- La satisfaction de la vanité frivole du jugement erroné prendrait principalement racine du fait que l'on se mesure à l'adversaire surtout au point de vue des facultés intellectuelles.

- Un grand sang-froid salutaire et tranquillisant, pourrait faire revenir - dans l'immédiat - vers la controverse, et puis continuer de prouver l'étroite induction en erreur.

Aristote conseillait de ne pas débattre avec le premier venu, mais uniquement avec les gens que l'on connaît et dont on sait qu'ils sont suffisamment raisonnables pour ne pas débiter des absurdités et se couvrir de ridicule.

- ➢ Se servir d'autorité reconnue en la matière selon le degré de connaissance adverse, et ce sans y faire appel à des discernements de la raison.

- Les opinions aussi, absurdes soient-elles, une fois persuadées généralement acceptées, seraient dès lors rapidement adoptées.

Platon disait que seule l'Elite n'a que bêtise en tête, et si on voulait s'y arrêter, on aurait beaucoup à faire.

- Le caractère universelle d'une opinion sérieusement exprimable, n'est ni une preuve en soi ni même un critère probabiliste de son exactitude.

- On dit que c'est vrai, ce qui paraît juste à une multitude.

➢ Il faut admettre vraisemblablement, que l'éloignement dans le temps priverait ce caractère universel de sa puissance démonstrative ; et que l'éloignement dans l'espace agit de même, sinon on mettrait dans l'embarras l'universalité de l'opinion commune édifiée par l'Elite.

➢ Utiliser à bon escient l'opinion universelle comme autorité parallèlement à l'amour parental (former un duo paternel ou maternel) engagé honnêtement en psychoéducation préventive des enfants.

- ➢ Devant une autorité cognitive vaudrait-il mieux rester poli et en céder la parole opiniâtre, et puis apprendre à mieux écouter un enseignement dialectique capital.

- ➢ Éliminer en toute exclusivité ou du moins rendre suspecte une affirmation préjugée erronée et apposée voire complètement opposée catégoriquement.

- Ainsi, on supposerait que l'affirmation en question est réellement identique à cette catégorie (ou en fait partie intégrante). Et aussi qu'une telle classification est déjà totalement réfutée, et ne peut en contenir de la vérité objective de quel ordre ou nature que ce soient.

- Moyennant le détour engendré par l'égarement déraisonnable, on admettrait le fondement tout en rejetant les conséquences : ce qui est théoriquement vrai en serait pratiquement faux ; et puis alors injuste en théorie elle-même. Ce qui vaudrait à témoigner plus de sagesse inédite sous forme de raisonnement conceptuellement cognitif.

VOLONTÉ CONVERSATIONNELLE ←→ INTELLIGENCE CONDITIONNELLE CONVAINQUANTE

- Agir sur la volonté en présentant des mobiles effectifs au lieu d'essayer de raisonner l'intellect, car l'intérêt commun ferait ainsi mieux adhérer à l'entendement opiniâtre propre.

- Faire réfléchir attentivement en situation douteuse, déconcertante voire stupéfiante.

- Prendre conscience de ses propres limites, les accepter et espérer évoluer en travaillant hardiment là-dessus.

- En cas de rejet des questions appliquées, interroger sur la thèse contraire, ou en adonner du choix d'approbation idéique ; et, sans doute au final, d'adhésion opiniâtre.
- Si l'on procède par induction dont l'opinion adverse rejetait la particularité singulière permettant d'étayer notre thèse, introduire seulement la vérité générale (résultant de ces cas isolés) comme admise et reconnue.

- Ne pas hésiter à opter pour l'emblème symbolique favorablement représentatif de notre thèse, s'il est question de concept général, sans désignation propre, prêt à être bien reconnu comme tel.

DÉSIGNATION DÉMONSTRATIVE ←→ JUGEMENT ANALYTIQUE

- Présenter exceptionnellement et activement le contraire de notre thèse et laisser au choix, cela cultiverait du sens paradoxal probable menant directement vers l'approbation comparative adverse.

- Déclarer la déduction concluante comme approuvée, et la proclamer triomphalement.

- En cas de thèse paradoxalement non démontrable, il faudrait présenter de l'exactitude proposable mais non évidente pour aider l'interlocuteur dans sa construction opiniâtre rigoureuse.

- Le cynisme spontané soutiendrait possiblement la tenue de propos raisonnables ; sinon se méfierait de loin, et rejetterait donc l'opinion adverse.
- Chercher à savoir si l'affirmation conversée n'est pas de quelque manière contradictoire, à même l'apparence seulement.

- La distinction subtile, embarrassante aux yeux de l'adversaire, mettrait fin très efficacement à toute tentative nuisible adverse.

- Empêcher toute argumentation irréfléchie qui ne démontre en rien mais seulement met le relief sur le sujet de discussion. Interrompre à temps le cours provocateur de la controverse en esquivant simplement ou détournant impérativement vers d'autres propositions conceptuellement plus plausibles.

- Se lancer d'abord dans un débat général en cas où l'adversaire exigerait expressément de l'argumentatif urgent contraire à son affirmation présentement établie.

- En cas de précipitation exagérée adverse ne laissant le choix que de faire diversion converse, on se mettrait sur le coup et discrètement à parler de tout autre chose non spécialement en relation d'avec notre argumentatif.

- La diversion serait impudente et provocatrice quand elle abandonne complètement l'objet du débat. Exemple : « Oui, et justement vous prétendiez récemment que… »

REPROCHE FAIT INSTINCTIVEMENT ←→ FONDEMENT INTUITIF CONTROVERSE

- ➢ Tirer conclusion par soi-même, et demander prémisses. Si l'on n'obtient point, il faudrait les considérer comme admises et de ce fait conclure.

- ➢ Si l'adversaire entre dans un jeu provocateur, il en serait judicieux de refuser tout engagement polémique (l'éviter serait mieux) sous risque de débordement relativement agressif. On pourrait aisément opposer un contre-argumentatif plus indécent et mettre de suite terme à la controverse.

- N'oublions surtout pas que dans un cas semblable, l'important serait de vaincre pas d'être juste. La victoire l'emporterait sur la vérité subjective jugée maladroite.

➢ Refuser toute exigence octroyant à la proposition l'origine du problème et la mêlant bien à celui-ci. La privation argumentative en serait bel et bien la solution idéale à ce genre de reproche controverse.

CONTRADICTION ET QUERELLE → AFFIRMATION EXAGÉRÉE

➢ Contredire rationnellement pour pousser vers l'affirmation supposée exacte, puis réfuter et l'exagération dans les propos et la thèse originale reformulée au final.

- À l'inverse, on doit se garder de se laisser entraîner par la contradiction à exagérer ou à élargir le champ de notre thèse. Il faudrait refixer les limites converses en disant : « Voilà ce que j'ai dit, et rien de plus. »

- Éviter de se mettre soi-même en situation de colère en préférant l'anticiper et la provoquer d'avantage chez l'adversaire en premier lieu. S'attendre à toute réplique adverse engendrant de la haine colérique. Prendre plus de distance morale quant à l'engagement dialectique.

- À défaut d'argumentatif, faire avancer une objection même non valable auprès de l'interlocuteur.

- Savoir tirer des conséquences, se résumerait au fait de forcer la thèse adverse à conclure absurdement voire grièvement. Les propositions adverses se contrediraient ainsi d'avec les vérités reconnues autant que telles.

- ➢ Il suffirait d'apposer un seul cas contradictoire pour y mettre en cause l'instance de la proposition initialement préétablie ; et par la même poser sa propre thèse générale.

- L'instance serait un cas d'application de la vérité générale ; à considérer sous ce concept universel, elle ne concerne pas nécessairement cette vérité, et pourrait même accidentellement la renverser complètement.

- Quand l'adversaire recourt à des instances, il faudrait veiller à définir l'exactitude du cas posé ; voir s'il relève vraiment du concept de la vérité raisonnable de manière apparente, et dont la distinction en serait seule solution. Savoir aussi si cela n'est pas qu'apparence contradictoire, donc d'avec la vérité apposée.

➢ Faire retourner l'argumentatif propre employé contre l'adversaire lui-même. Par exemple, en disant : « C'est un enfant, il faut être indulgent avec lui. », on pourrait y répondre : « C'est justement parce que c'est un enfant qu'il faut le châtier pour qu'il ne s'encroute pas dans ses mauvaises habitudes. »

2ÈME PARTIE

SYNERGOLOGIE PROCURÉE PALIATIVE

« Emplette Caractérielle
Gestique Acquise »

La Synergologie Caractéristique En Tant Que Discipline Sémantique

La synergologie déterminative en tant que discipline particulière du domaine distinctif de la communication sémiotique-symptomatique à base typiquement non verbale, ce serait une méthode s'avérant empiriquement scientifique, délicatement cruciale et décisive, de lecture concluante spécialisée dans le décryptage du mini-mouvement corporel inconscient...

CONCEPT DE SYNERGOLOGIE

La formulation (voire reformulation) maniérée d'une proposition par l'observation identifiable (champ de synergologie sentimentale) permettrait de valider dans la plupart des cas sa scientificité véridique.

CONFIANCE SENTIMENTALE ET ASSURANCE CORPORELLE
→ ACCEPTATION DES SIGNAUX NON VERBAUX EN DISCOURS INTERLOCUTIF

MIEUX SE COMPRENDRE
→ MIEUX SE COMMUNIQUER

ACCEPTATION D'OUBLIER TOUT MALENTENDU
→ PROPOSITION D'INTERLOCUTION RENOUVELÉE

REPARTIR SUR DE BONNES BASES SOLIDES
→ CONFIANCE RÈGNANT EN EXCÈS ET CLIMAT D'ÉCHANGE LINGUISTIQUE PLUS APPROPRIÉ

- *La synergologie serait une méthode indécise, visiblement contrôlable et délicatement observable, de lecture du langage non verbal inconscient.*

- *Méthode de lecture spécialisée dans le décryptage des mouvements corporels inconscients ; branche du domaine du renseignement basée sur la communication non verbale.*

- *Elle observe les mouvements corporels et ne s'intéresse en fait qu'au contexte de leur production en établissant une division entre états émotionnels hypertoniques et états émotionnels hypotoniques.*

- *Elle mesure ensuite si le contexte émotionnel propre à l'échange est positif ou négatif ; et si l'émotion est destinée à être transmise à son interlocuteur ou gardée pour soi.*

- *Son enseignement résiderait en toute une démarches comportementaliste, proposant de maintenir son langage non verbal consciemment surtout quand s'agit de communiquer mieux ; espérant ainsi contrôler leur langage non verbal, et adresser à leurs interlocuteurs une communication vraiment bien adaptée.*

- *Car en contraignant leur langage du corps, ils risquent bien de ne pas contrôler suffisamment d'items pour rendre vraiment congruents langage verbal et langage non verbal.*

- *En n'étant pas tout à fait ce que l'on croit vraiment être, on ferait régresser la communication générale.*

- *« Syn-ergon-logos » veut dire en grecque un être (ou ensemble) actif en situation de discours.*

- *L'objet d'étude même de la communication non verbale s'apparente à la méthode analytique nécessaire.*
- *Les réactions humaines en termes Synergologie, seraient profondément universelles ; et ce dès lors que l'on*

exprime logiquement les mêmes émotions.

- *L'aspect distinctif entre l'émotion, l'affect, le sentiment, voire la pulsion ou même l'état d'âme semblerait assez nécessaire.*

- *Une émotion sous-jacente traduisant un non-dit serait présentement étiquetée sans ambiguïté.*

- *Il arrive parfois que les items non verbaux soient en désaccord avec le climat contextuel de l'émotion.*

- *Le contexte verbal, la situation et le conditionnement devraient toujours être pris en compte.*
- *La réalité observable ne pourrait être identifiable dans les mêmes limites que sa méthode d'observation, sous*

peine d'empêcher toute reproduction de la connaissance valide et vérifiable.

- *Les critères de scientificité clairs manqueraient dans le domaine de l'observation non verbale ; ceci est dû à l'absence d'un système référentiel de clarification étiologique voire symptomatique (sémantiques ou sémiotique).*

- *De ce fait, l'observation de la réalité non verbale serait relativement non identifiable bien que la production conceptuelle de la gestuelle - le cas échéant - soit inlassablement élancée.*

➢ *Être en mesure d'établir une identification profilement correcte de l'aspect gestique différentiel voire inculpant. Le rapport direct entre la direction des gestes et le mouvement des yeux permet d'inscrire la direction neuro-symbolique dans l'espace.*

- *Appréhender au préalable la communication non verbale humaine comme champ de connaissance à part entière.*

3ÈME PARTIE

EXPERTISE PSYCHANALYTIQUE

« VOIE DE VAILLANCE CONCEPTUELLE RÉSOLUE »

La confiance en soi

Elle serait le rempart contre le doute, l'incertitude et la peur. Elle représente le pilier sur lequel s'édifierait toute une existence ; et, sans elle, nulle réussite dans quelque domaine que ce soit.

C'est l'ancrage absolument scellé de la réussite dans son sens le plus large. Sans elle, impossible d'avoir des relations constructives, ni même de s'affirmer et de contrôler son destin.

Son manque nous empêcherait d'oser faire ce que, pourtant, nous nous sentons capables de réaliser au fond de nous.

La confiance en soi, une fois retrouvée, doit être nourrie constamment par le sentiment d'avoir une certitude de ce que l'on fait ou entame sans tomber dans l'erreur. L'illusion personnelle, elle, ne peut qu'aider à persévérer dans la voie du changement.

Pour ce faire, il faut que le doute sur sa propre capacité à réfléchir soit attaqué au fond, avant même qu'il puisse s'y installer.

De cette façon, la prévention psychique, qui rentre en jeu pour dominer le combat affectif intérieur, prendra la relève aisément et supprimera toute trace de malheur inattendu. Le sujet commence alors à s'accepter de lui-même et passer au stade supérieur, celui de l'acceptation des autres, ces derniers qui constituaient jadis un véritable enfer psychique, deviennent dès lors une source d'inspiration idéique inébranlable.

C'est le début du déblocage psychologique ou psychoaffectif dont la haine refoulée, une fois remontée à la surface psychique, dégage enfin son énergie négative pour que l'ombre psychique redevienne positivée.

Cette transformation psychique est obligatoire pour toute évolution intérieure allant du stade de la névrose psychotique à celui de la guérison psychique prématurée, changeant ainsi individuellement tous les traits caractéristiques de la personnalité.

Courir un risque évident, c'est comme s'imposer à soi-même des conditions qui, par moment, frisent l'exploitation. Et le plus grand des risques que l'on s'inflige, est de ne rien risquer du tout.

Le courage nous quitte bien avant même de le solliciter. Il y a un début à toute chose, le début de la fin d'exister en tant que rien.

Et voilà, commence un autre début celui d'exister en tant qu'individu à part entière, d'abord conscient de ses actes et puis responsables de tout fait régissant dans sa communauté. La plus valeureuse preuve de l'amour de soi est la dignité de l'homme qui sait se montrer intègre dans les moments propices et les plus sévères en sens égal.

L'estime de soi, cette qualité rarissime bien que démontrée, reste comme-même une affaire de jugement personnel et de respect de sa propre personne. La sensation de Dieu en est une autre chose bien différente, celle-ci témoigne de la capacité individuelle de s'adapter au climat psychoaffectif régnant dans une société ou dans un groupe de personnes.

Le psychanalyste doit arriver à dissuader son patient de poursuivre ses investigations de l'inconscient. Ses paroles enthousiastes à rythme berceur, emportent d'une façon originale mais régressive et le personnage et la scène étudiés (sommeil hypnotique).

La lutte sans merci entre un scepticisme accru et la volonté d'un engagement sincère et propice, rend plus difficile l'appréciation du travail psychanalytique accompli.

L'enthousiasme original peut amplement l'emporter sur la mauvaise expression psychoaffective (affects converses).

La réponse d'un sujet à un test donné est révélatrice de son état d'esprit du moment, c'est pourquoi il est préjudiciable de le refaire encore, au moins une deuxième fois. Il en est de même pour l'observation clinique.

Une déclaration de jugement hâtive et sans conviction, ne peut avoir d'effet judiciaire en rapport avec la procédure pénale. La preuve présentée de part et d'autre constitue le bout du fil qui amène à la vérité qui favorise et la critique et la compréhension.

La passion de la vie doit exclure la haine. La clairvoyance amène à décrire objectivement tous les aspects de la tragédie. Le talent spontané entraîne magistralement à entrer de plain-pied dans une réalité trop souvent théorique.

Il est nécessaire de rester lucide et vigilant pour ne pas dévier de la voie de l'esprit.

Le côté positif dans une longue souffrance et les innombrables déceptions, c'est qu'ils inculquent dans une large mesure de la prudence et de la prévoyance ; cette vigilance qui est au-delà de l'instinct de révolte, le véritable esprit révolutionnaire dont il faut avoir confiance pour rester intact après la traversée des difficultés pénibles.

La ténacité et la rigueur au travail raisonnable, sont des véritables clés de la réussite complète. La réaction primitive est un jeu criminel et dangereux. Le partage d'idées reçues reste la bonne solution.

Le plus grand intérêt qu'on peut tirer d'un homme, c'est son sentiment d'accueil doté d'une grande sincérité, d'une lucidité totale et d'une générosité précise.

La vie intense constitue le remède idéal contre toute forme de mal être dont l'ennui.

La pathologie psychique n'est à la base que le refus d'accepter (déni ou négation) de laisser faire surgir ce qu'il y de mieux en nous. L'adaptation, en ces termes, n'est rien d'autre qu'un choix d'accueil en soi.

La grande déception après un dévouement sans arrière-pensées, comporte un chagrin d'ordre moral et psychoaffectif.

Pour vouloir vivre autrement, la fidélité confiante doit être totalement mise en œuvre et son plein engagement aussi.

La destruction amère et fatale de la personnalité individuelle peut causer des dommages majeurs dans la vie psychique intérieure.

Il faut essayer de rétablir l'équilibre rompu au plus vite avant d'entamer de thérapie reconstructive. Car, il n'y a que la vérité, laquelle engendre l'espoir, qui pourra aider et par quoi en pourrait avancer.

Durant le processus d'évolution psychique ou de reconstitution psychoaffective intégrale de la personne, on ne doit pas s'arrêter sous prétexte de fatigue passagère mais plutôt aller au bout du problème intérieur.

Il faut refaire son histoire personnelle par de l'amour qui devrait de loin l'emporter sur la haine. Car, le regard exact s'adresse à l'essentiel non pas au dérisoire.

La remise en question personnelle, est un choix on ne peut plus intime. La plus juste cause de laisser révéler en nous un peu de vérité, exige un minimum de tendresse et suscite le maintien de l'émotion à son état initial.

La conscience authentique procurée par la lucidité de l'esprit qui se cherche, est à l'abri de la maladresse dû à la facilité psychique maniaque.

Du point de vue psychanalytique, une personne déséquilibrée mentalement subissant une thérapie de rééquilibrage psychoaffective et de réinsertion sociale, devrait absolument passer par une phase de stabilisation psychoaffective convenable, et ceci même si ses efforts sont méritoires, sans laquelle l'abri d'une éventuelle rechute n'est plus assuré à long et moyen termes.

L'observation profonde neutre et la justesse de vision sans critique, sont à la base de l'imagination purement objective.

L'attachement au bon souvenir est responsable de tout geste émouvant de possession du symbole de la volonté personnelle.

La spontanéité révélée au grand jour, peut bien cacher une frustration prétentieuse ou une incertitude silencieuse.

La détermination venant à bout de toutes les réticences et obstacles fait jaillir un espoir longuement attendu.

ANNEXES

1. LA SANTÉ PSYCHIQUE

ULTIMATUM PSYCHANALYTIQUE

La santé psychosomatique constitue, aujourd'hui plus que jamais, la préoccupation majeure de l'individu. Si le patient ait le droit d'être informé sur les caractéristiques du mal qui l'atteignit ainsi que les différents moyens thérapeutiques capables de lui apporter le soulagement voire la guérison, le sujet-saint devrait non seulement, connaître la racine de son inattendu mal-être, mais aussi ces procédés et moyens nécessaire au maintien de son équilibre psychoaffectif global.

Le but fixé d'une psychanalyse préventive serait justement de faire connaître la maladie psychosomatique (ou psychomotrice), informer objectivement de son traitement et surtout se donner les moyens de sa prévention effective.

La pathologie psychique suscite auprès des personnes malades une extrême fréquence d'ordre psychoaffective nécessitant un prolongement du lien professionnel à caractère contre-transféreur qui unit le psychanalyste à la famille ou au groupe d'étude clinique. À juste titre, une thérapie réussie, car menée à bien au bout de son évolution, fait prolonger ce genre de lien psychoaffectif générant le remède moral et la santé psychogène.

L'ultimatum psychanalytique serait de témoigner d'une assez grande intelligence, d'adopter scrupuleusement une pensée intégrale, de mener à bien sa mission vitale et son rôle constructif bilatéral ; espérant ainsi de donner le meilleur de soi-même pour pouvoir recevoir, par suite favorable, suffisamment l'amour de retour englobant fidélité honorable et intégrité positive ; tout en alliant loyauté et dignité envers le cosmos dont il faudrait redevenir un avec, par la façon ingénieuse de se montrer franchement lucide dans le développement idéique majeur ; sans oublier de redevenir réellement soi-même à fin de lutter efficacement contre toute forme d'intrusion idéique indésirable ou/et défavorable.

La psychanalyse apporterait donc une vraie lumière et une incroyable lueur d'espoir à toute forme humaine embarrassée par l'attente troublée d'une fausse estime de soi ou d'un amour

propre loin d'être irréprochable ; elle guiderait nos pas vers un avenir meilleur dont on devrait s'en occuper, dès l'instant présent, avec plus de prévoyance précise et d'élévation de l'esprit moteur de nos actes et faits, d'entamer avec plus de rigueur enthousiasmée la venue de nouvelles ambitions communes et partagées au sein de la famille et de la société.

Suivre une psychanalyse, ce serait de s'appliquer une thérapie psychoaffective de remise en question, par la remontée des meilleurs souvenirs du passé qui sauraient faire la distinction de la personnalité de ce qui l'encombre ; sans pour autant avoir à remuer tous les souvenirs dans leur ensemble tendeur à la négativité justifiée de l'ombre psychologique.

En d'autres termes, s'effectuer une réminiscence cathartique des bons souvenirs source d'espérance méritée et d'oublis significatif ; dans le but noble de revivre et de raimer, une fois rétablis et le pardon libérateur et la déculpabilisation délivrant de la honte justifiée par le manque d'estime de soi.

Enfin, la bonne vision des choses consisterait, de ce fait donc, en une compréhension précisément exacte et concise de l'indéniable.

A. AIT AISSI.

2. PSYCHOPATHOLOGIE ET REMÈDE PSYCHANALYTIQUE

Pathologie Psychique →Déni Réalité / Acceptation Maladie (Refuge)

La pathologie psychique n'est à la base que le refus d'accepter (déni ou négation) de laisser faire resurgir ce qu'il y a de mieux en nous. L'adaptation, en ces termes, n'est rien d'autre qu'un choix d'accueil en soi.

La grande déception après un dévouement sans arrière-pensées, comporte un chagrin d'ordre moral et psychoaffectif.

Pour vouloir vivre autrement, la fidélité confiante doit être totalement mise en œuvre et son plein engagement aussi.

La destruction amère et fatale de la personnalité individuelle peut causer des dommages majeurs dans la vie psychique intérieure.

Il faut essayer de rétablir l'équilibre rompu au plus vite avant d'entamer de thérapie reconstructive. Car, il n'y a que la vérité, laquelle engendre l'espoir, qui pourra aider et par quoi en pourrait avancer.

Durant le processus d'évolution psychique ou de reconstitution psychoaffective intégrale de la personne, on ne doit pas s'arrêter sous prétexte de fatigue passagère mais plutôt aller au bout du problème intérieur.

Il faut refaire son histoire personnelle par de l'amour qui devrait de loin l'emporter sur la haine. Car, le regard exact s'adresse à l'essentiel non pas au dérisoire.

La remise en question personnelle, est un choix on ne peut plus intime. La plus juste cause de laisser révéler en nous un peu de vérité, exige un minimum de tendresse et suscite le maintien de l'émotion à son état initial.

Facilité Psychique Maniaque → Maladresse

Lucidité Spirituelle → Conscience Authentique

La conscience authentique procurée par la lucidité de l'esprit qui se cherche, est à l'abri de la maladresse dû à la facilité psychique maniaque.

Du point de vue psychanalytique, une personne déséquilibrée mentalement subissant une thérapie de rééquilibrage psychoaffective et de réinsertion sociale, devrait absolument passer par une phase de stabilisation psychoaffective convenable, et ceci même si ses efforts sont méritoires, sans laquelle l'abri d'une éventuelle rechute n'est plus assuré à long et moyen termes.

L'observation profonde neutre et la justesse de vision sans critique, sont à la base de l'imagination purement objective.

L'attachement au bon souvenir est responsable de tout geste émouvant de possession du symbole de la volonté personnelle.

La spontanéité révélée au grand jour, peut bien cacher une frustration prétentieuse ou une incertitude silencieuse.

La détermination venant à bout de toutes les réticences et obstacles fait jaillir un espoir longuement attendu.

3. ESTIME DE SOI

EXPÉRIENCE PERSONNELLE = TRAVAIL ACCOMPLI = COMPRENDRE COMMENT SURMENTER LA DIFICULTE AVENIR

- La confiance en soi augmente proportionnellement avec le travail acharné
- L'estime de soi s'acquiert au fur et mesure des progrès effectuées
- Les efforts bien menés, eux, renvoient directement vers le sens de la réussite personnelle ou partagée.
- Ce serait indubitablement le fruit de la réflexion raisonnée.

➢ ***Restreindre ses désirs et modérer son ambition.***

Confiance = Bonne Estime

Maitrise des pensées et actions = Bonne influence

ÉTUDES PERSEVERÉES = ABOUTISSEMENT JUSTE

RÉGULARITÉ FONCTIONNELLE = AUTOSUGGESTION INCONSCIENTE CONTINUELLE

MOYENS DÉPLOYÉS = SUCCÈS ASSURÉ

RESPONSABILITÉ RÉCOMPENSÉE = VICTOIRE SUR SOI-MÊME

SECRET RELATIF AU SUCCÈS = INDUCTION DANS LA BONNE VOIE PERSONALISÉE PROFESIONNELLE

ATTEINDRE L'OBJECTIF = DEVENIR INSTRUCTEUR DE LA VIE FORTUNÉE ET AISÉE

CONNAISSANCES TRANSFORMATRICES = CHANGEMENT VITAL ET PROFESSIONNEL

DIFFICULTÉES DÉSÉSPÉRANTES = ÉGOCENTRISME MANIACO-DÉPRESSIF = INHIBITION PERSONNELLE ET CARACTÉRIELLE (PERSONNALITE RÉGRESSIVE NÉGATIONELLE)

DOULEUR CRÉATRICE TRAVERSÉE = GRANDIR À NOUVEAU (REDEVENIR PROFONDÉMENT SOI-MÊME) = JOIE DE VIVRE DE NOUVEAU RETROUVÉE (CESSATION D'EXCUSE LAMENTABLE CAR MOYEN RECRÉÉ)

3. PYCHANALYSE ET DÉVELOPPEMENT PERSONNEL

La reconstitution de la personnalité se devrait être la préoccupation majeure de tout changement psychoaffectif allant du simple état psychotique-névrotique aux états d'âme délirants-projectifs.

Dans la perspective d'un rêve imaginaire sur la grande langue, un sentiment exaltant de relation au tout, va naître pour assurer une finalité divine. La vision évolutionniste nous permet de distinguer les grandes lignes...

Tout est dans l'emplacement personnel délimité, le bon sens comme l'intégrité sociale. Et il suffit d'un seul petit pas pour basculer d'un point de vue à un autre tout-à-fait différent, d'un bon jugement collectif au blâme quasi-impardonnable, et surtout de l'affection morale au sentiment physique hostile sinon amoureux.

La pathologie psychique n'est à la base que le refus d'accepter (déni ou négation) de laisser faire surgir ce qu'il y de mieux en nous. L'adaptation, en ces termes, n'est rien d'autre qu'un choix d'accueil en soi.

La grande déception après un dévouement sans arrière-pensées, comporte un chagrin d'ordre moral et psychoaffectif.

Pour vouloir vivre autrement, la fidélité confiante doit être totalement mise en œuvre et son plein engagement aussi.

La destruction amère et fatale de la personnalité individuelle peut causer des dommages majeurs dans la vie psychique intérieure.

Il faut essayer de rétablir l'équilibre rompu au plus vite avant d'entamer de thérapie reconstructive. Car, il n'y a que la vérité, laquelle engendre l'espoir, qui pourra aider et par quoi en pourrait avancer.

Durant le processus d'évolution psychique ou de reconstitution psychoaffective intégrale de la personne, on ne doit pas s'arrêter sous prétexte de fatigue passagère mais plutôt aller au bout du problème intérieur.

Il faut refaire son histoire personnelle par de l'amour qui devrait de loin l'emporter sur la haine. Car, le regard exact s'adresse à l'essentiel non pas au dérisoire.

La remise en question personnelle, est un choix on ne peut plus intime. La plus juste cause de laisser révéler en nous un peu de vérité, exige un minimum de tendresse et suscite le maintien de l'émotion à son état initial.

La conscience authentique procurée par la lucidité de l'esprit qui se cherche, est à l'abri de la maladresse dû à la facilité psychique maniaque.

Du point de vue psychanalytique, une personne déséquilibrée mentalement subissant une thérapie de rééquilibrage psychoaffective et de réinsertion sociale, devrait absolument passer par une phase de stabilisation psychoaffective convenable, et ceci même si ses efforts sont méritoires, sans laquelle l'abri d'une éventuelle rechute n'est plus assuré à long et moyen termes.

L'observation profonde neutre et la justesse de vision sans critique, sont à la base de l'imagination purement objective.

L'attachement au bon souvenir est responsable de tout geste émouvant de possession du symbole de la volonté personnelle.

La spontanéité révélée au grand jour, peut bien cacher une frustration prétentieuse ou une incertitude silencieuse.

La détermination venant à bout de toutes les réticences et obstacles fait jaillir un espoir longuement attendu.

Le psychanalyste doit arriver à dissuader son patient de poursuivre ses investigations de l'inconscient. Ses paroles enthousiastes à rythme berceur, emportent d'une façon originale mais régressive et le personnage et la scène étudiés (sommeil hypnotique).

La lutte sans merci entre un scepticisme accru et la volonté d'un engagement sincère et propice, rend plus difficile l'appréciation du travail psychanalytique accompli.

L'enthousiasme original peut amplement l'emporter sur la mauvaise expression psychoaffective (affects converses).

4. PSYCHANALYSE PROFILER

PARJURE ET MODE OPÉRATOIRE SCÉLÉRAT

« SOCIO-PATHOLOGIE PSYCHOAFFECTIVE »

- ***Prise de la proie facile ou/et ciblée.***

  - ***Crime en rapport avec le sexe (sexualité non accomplie), l'amour ou l'affection voire l'affectivité propre.***

- ***Quête de reconnaissance faciale ou/et vocale.***

  - ***Socio-pathologie souvent masquée, camouflée, cachée.***

  ➢ ***Manifestation converse collatérale et aspect criminel à caractère personnel.***

  - ***Problématique caractéristique du mépris parental (maternel ou/et paternel) voire fraternel.***

  - ***Manque de respect primaire et/ou estime précaire familial (basique de la relation d'autorité professionnelle ou bien de la domination socio-psychoaffective).***

- ***Ignorance relative de l'étendue gravitée retentissante de l'acte scélérat (milieu familial, scolaire, professionnel, social).***

  ➢ ***Se servir de moyens situationnels sinon créés dans ce sens (but diversifié).***

TRAUMATISME ET PEUR ENGENDRÉE SUR LA VICTIME

- ***Victime pré-choisie (généralement) selon la psychologie propre en foule du tueur (indépendant ou en série).***

  - ***Affects conversibles (conversion caractéristique ou affects converses aigus) perméables au déblocage psychoaffectif relationnel à mesure échelonnée effectuée de manière sérieuse et efficace.***

  - ***Relation existentielle de contact précoce d'avec l'entourage amical et le milieu fréquenté (désorientation temporo-spatiale apparente ou bien enfouie).***

TENDENCE RELATIVE AU FORFAIT RÉCIDIF ENFOUIE, EXERCÉE À TRAVERT LA PRATIQUE D'UNE PROFESSION OU UN MÉTIER, UN ART OU HOBIT

- ***Délicatesse sexuée, force caractérielle, puissance spirituelle voire agrément physique.***

- ***L'objet létal du crime ou de l'infraction (fructifiés ou organisés) serait pré-choisi ou improvisé selon la situation dénudée ou découverte de manière à satisfaire l'absolu besoin-nécessité concernant la beauté gestuelle criminelle suffisante d'elle-même ou bien retirée.***

PSYCHOAFFECTIVITÉ SCÉLÉRATE (CRIMINALITÉ PROPRE INÉE, ACQUISE OU ENGENDRÉE)

TÉMOIGNAGE INFORMATIF DE PROJECTION À MARQUE CRIMINELLE

- ***Présence attentionnelle désagréable, diminutive voire régressive : régression psychoaffective relativement dangereuse (CAR Tabou Totémique).***

➢ ***L'aspect global de l'acte criminel serait dialectalement abordé défavorable quant à son originalité enfantine manquée (amour, affection secondaire).***

CLASSIFICATION DES TROIS TYPES-ASSASSINS (CRIMINELS OU SCÉLÉRATS)

1- Volontaire Automatique (Irréversible Méprisant)
2- Répétitif Intentionnel (Occasionnel Réprimant)
3- Inductif Accidentel (Culbuté voire encouragé Infortuné)

- ***Méchanceté agressive interne ou externe criminellement manifestée à force de maltraitance altruiste (stade soutenu, avancé).***

- ***Recherche de justice de jugement moral compressif quant au passé lointain sombre (souffrance psychoaffective primaire ou secondaire durant la petite enfance).***

ÉVALUATION PSYCHOLOGIQUE DÉTENTIVE NORMATIVE PROPRE AU SCÉLÉRAT AGENCÉ ORGANISÉ

- ***Scène relative-criminelle fidèlement attrayante (selon la conviction ou croyance intimes).***

- ***Utilisation abusive de la force émérite-agressive infâme (létale ou/et physique).***

SYNERGOLOGIE CRIMINELLE AFFIRMATIVE OU CATÉGORIQUE

- ***Contexte de données de synergologie alarmant, situation catégorique inquiétante et stipulations conditionnelles vitales pitoyablement louables, se retrouveraient relativement modifiables, convertibles.***

- ***Cerner vigoureusement le différenciateur-identificateur scélérat.***

- ***Établir ingénieusement un plan organisationnel de contre-transfert psychonévrotique, préventif évacuatif imminent.***

ANNEXE. 5

États Fondamentaux De La Pensée Psychopathologique

Voici les principaux signes caractéristiques combinés ou seuls :

- **État Psychotique Chronique (Idées Fixes)**
- **État Psychotique Confusionnel (Surmenage Ou Faiblesse)**
- **État Maladif Sensible (Délocutions : S[TH],D[T],G[K],B[P])**
- **État Psychonévrotique**
- **État Névrotique Projectif <Dangereux>**
- **État Schizophrène**
- **État Paranoïaque**
- **État Délirant Chronique**
- **État Délirant Hallucinatoire**
- **État Frivole Peureux-Chronique**
- **État Angoissé Chronique**
- **État Maniaco-Dépressif**
- **État Régressif Négatif (Frigide/Stagné)**
- **État Régressif Morbide (Accusatif/Péjoratif) <Dangereux>**
- **État Éveillé Anormal (Continu/Phasique)**
- **État Criminel <Dangereux>**
- **État Suicidaire <Dangereux>**
- **État Syndromique**
- **État Narcissique-Spiral Égocentrique**
- **État Malicieux Démoniaque**
- **État Haineux Chronique**
- **État Folique Démoniaque**
- **État Folique Haineux**
- **État Folique Angoissé**
- **État Timide Chronique**
- **État Anxieux Anormal (Grand Stress Émotionnel)**
- **État Désespéré Anormal**
- **État Révisionniste Anormal**
- **État Négatif Chronique**
- **État Sociopathe <Dangereux Pour L'Ordre Publique>**
- **État Psychopathique <Dangereux Par Contagion Morale>**
- **État Socio-Psychopathique <Particulièrement Dangereux>**

6. ASSOCIATIONS PSYCHOAFFECTIVES

01. Connexions Associations Schizophrénie Inconscient-Collectif Frustration Manque-Affection Affectivité-Brisée Angoisse Peur Relation-Précoce Confiance-Sentimentale Sécurité-Affective Reconstitution-Psychoaffective Rôle Trait-Personnalité Energie-Bloquée Fatigue.

02. Acceptation-Réalité Acceptation-Tout Affirmation Amour-Propre Abandonner Reconstruire Dérouler Disparaître Disponible Secret Responsabilité Après Pouvoir Maîtrise-Situation Lacune Discipliné Loi Règlement Peur-Refoulée Haine-Enfouie Culpabilité-Ressentie-Inexprimée Clarté.

03. Délire Hallucination État-Migranoïde Confusion Inquiétude-Agitée Anxiété Déficience-Mentale-Sensorielle Hystérie Psychonévrose Rêverie Eligible Im-pardonner Dé-fréquenter-Tout Décontrarié Arracher Jeune Gain Sans-Eux Dieu-Diable Dieux-Diables Réclamer Jeter-Anneau Changement-Présent.

04. Acte-Isolé Politique Pression Tension Relation-Directe Arrêt-Agression Conduite Convoquer Participer Incognito Preuve Affirmer Contredire Investigation Enquêter Mobile Certitude Fuite-En-Avant Signification Imagination Dépister.

05. Refoulement Complexe Souvenir Acte-Manqué Fausse-Sécurité Blocage Transfert Névrose Projection Symptôme Explorer Problème Agressivité Conflit Interdit Tabou Sentiment Infériorité-Supériorité Timidité Phobie Souffrance.

06. Réflexe Automatisme Sensation Emotion Comportement-Névrotique Examen Diagnostic-Pronostic Procédé-Thérapique Persécution Libérer Energie Révolte-Projetée Hostilité Méfiance-Pathologique Règlement Figure-Transférée Lapsus.

07. Profondeur Manie-Vérification Adapter Sublimer Fuir Rêver Déséquilibre-Personnalité Volonté Inutilité-Névrose Dénouer Complexe Fatigue Limitation Réapparition Rapidité-Esprit Fluidité-Concentration Affirmer Amour-Soi Créer.

7. TEMPÉRAMENT ET DOULEUR

La modification brutale du tempérament, ainsi que la solution de continuité ; seraient à l'origine de la douleur.

La douleur, serait le résultat de la sensation d'un effet contraire brutal, du fait qu'il soit contraire.

Elle serait aussi un sensible contraire (d'apparition) brutal et ce qui sera intense réagirait ; car tout sensible contraire, du fait qu'il soit contraire, serait douloureux.

La douleur serait, d'autre part, provoquée par l'excès ou le défaut du froid et du chaud sur un organisme qui viendra de subir un refroidissement ou un réchauffement.

Le sec et l'humide entraîneraient une douleur par la solution de continuité qui en résultera.

La douleur se produirait par le froid et par le chaud, par l'excès et le défaut ; chez ceux qui auraient éprouvé un refroidissement (respectivement un réchauffement), par le réchauffement (respectivement le refroidissement).

Elle se produirait chez les personnes de constitution froide (respectivement chaude) par le chaud (respectivement le froid) ; de constitution sèche (respectivement humide) par l'humide (respectivement le sec).

Les douleurs surviendraient toutes les fois qu'il y aura changement et corruption de la nature. Elles se guériraient par les contraires.

SOMMAIRE

2ÈME PARTIE

La Synergologie Caractéristique En Tant Que Discipline Sémantique

PAGE. 44

CONCEPT DE SYNERGOLOGIE

PAGE. 45

3ÈME PARTIE

EXPERTISE PSYCHANALYTIQUE

« VOIE DE VAILLANCE CONCEPTUELLE RÉSOLUE »

PAGE. 52

6. ASSOCIATIONS PSYCHOAFFECTIVES

PAGE. 80

7. TEMPÉRAMENT ET DOULEUR

PAGE. 81

Kolibri 360 GmbH
Ferdinand-Jühlke-Straße 7
99095 Erfurt, Deutschland
produktsicherheit@kolibri360.de

Druck:
CPI Druckdienstleistungen GmbH
im Auftrag der
Kolibri 360 GmbH
Ferdinand-Jühlke-Str. 7
99095 Erfurt